Chats

Un Magnifique Livre de Coloriage pour Adultes

Anti-Stress

Kh. EL.

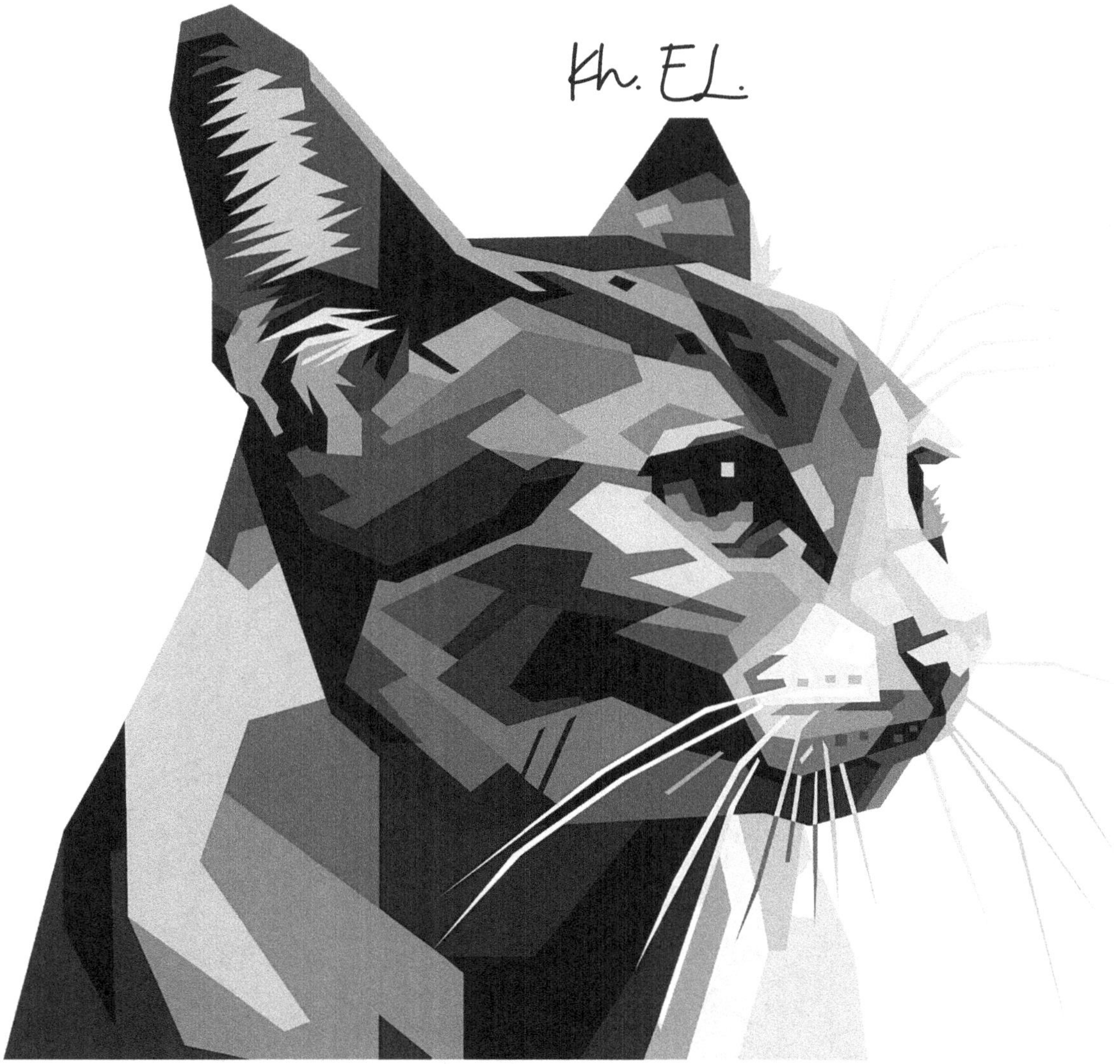

Ce Livre
Appartient à

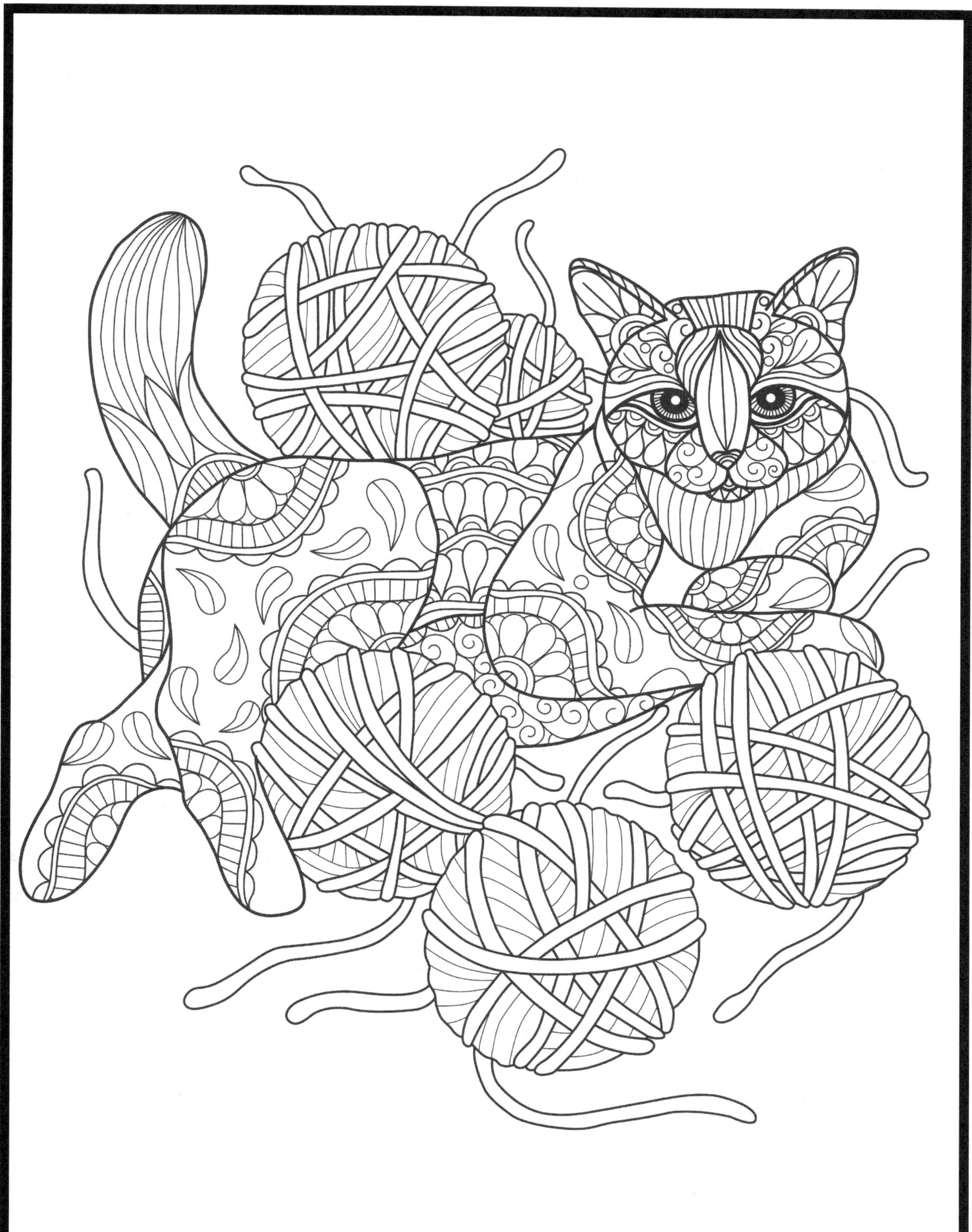

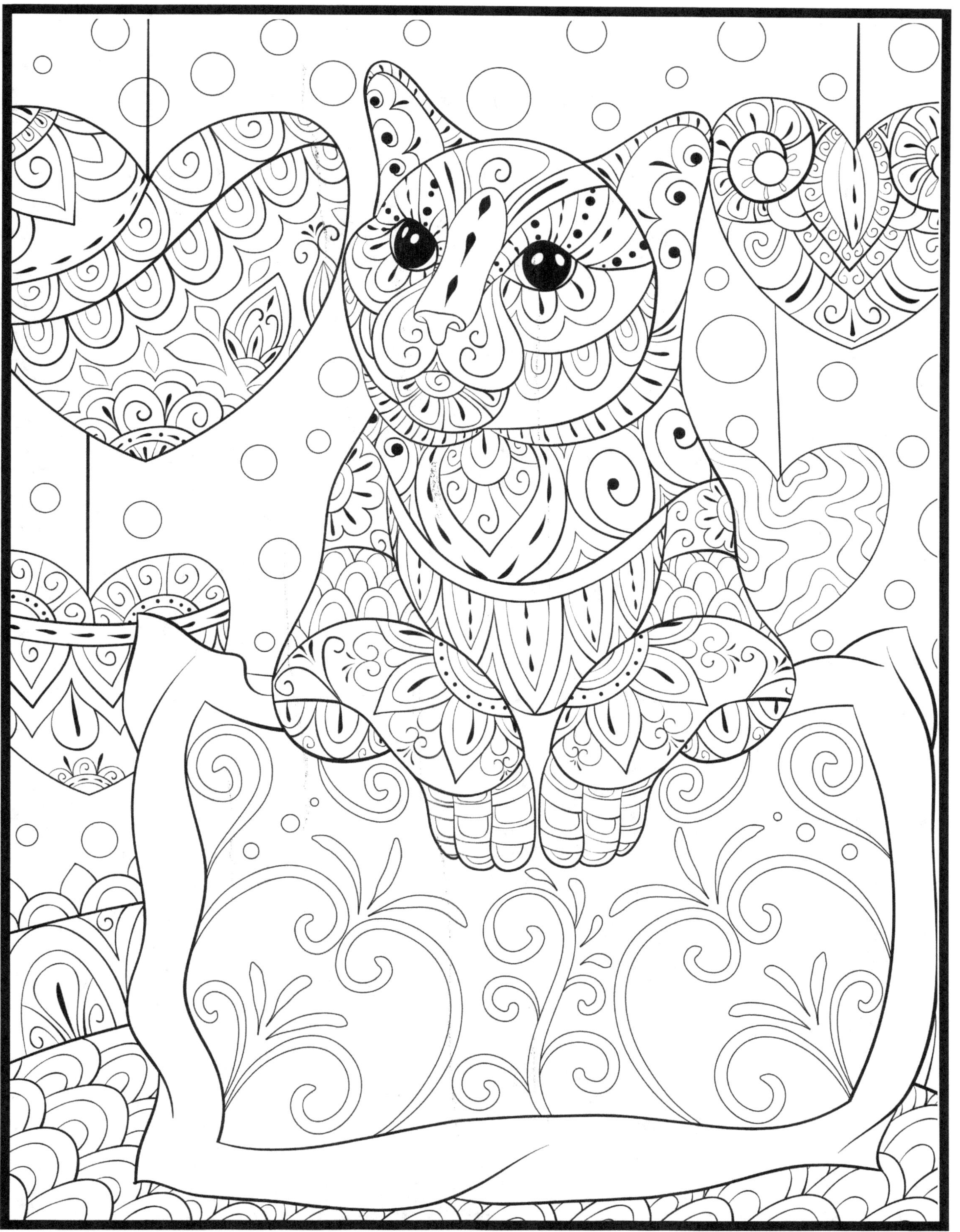

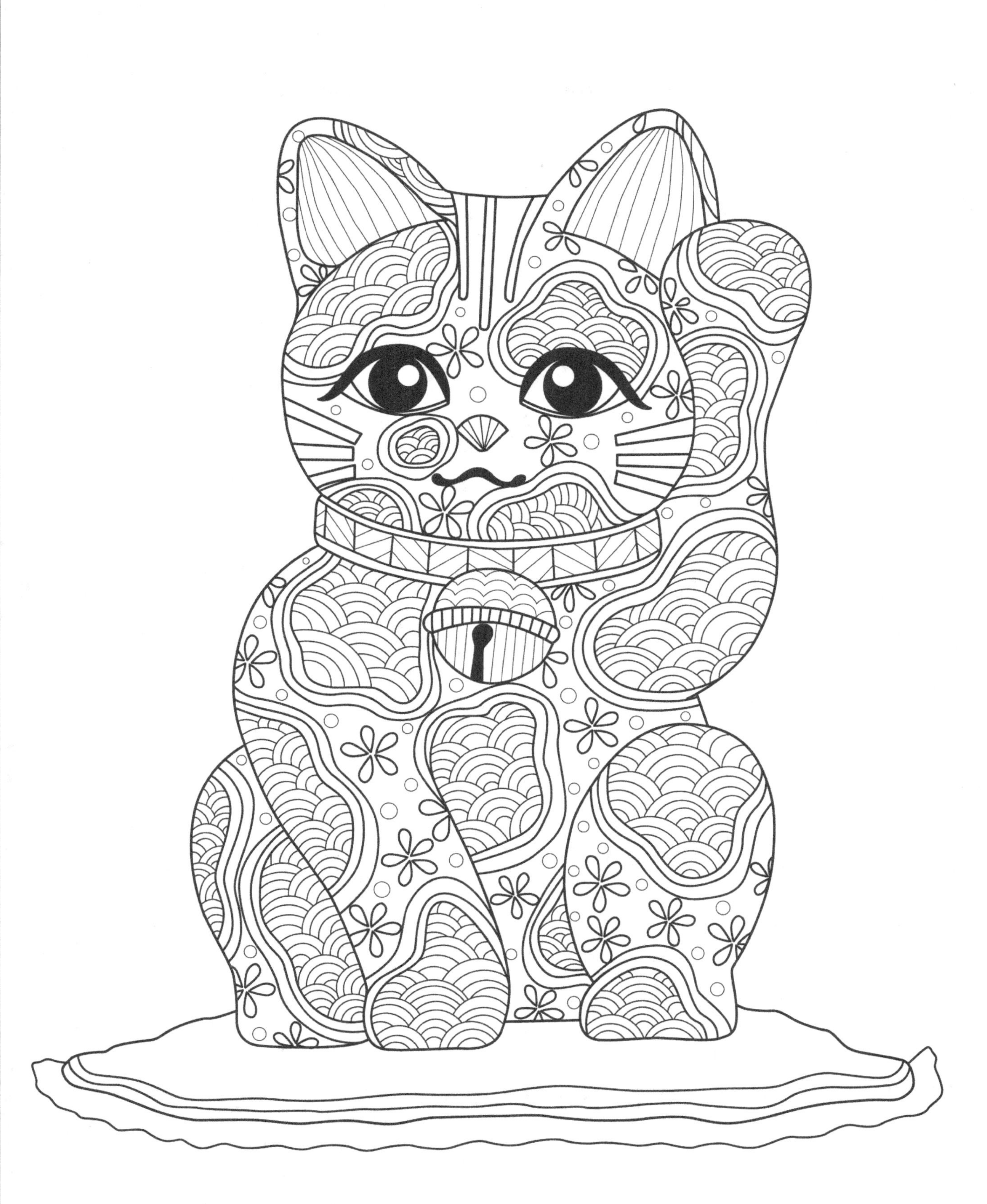

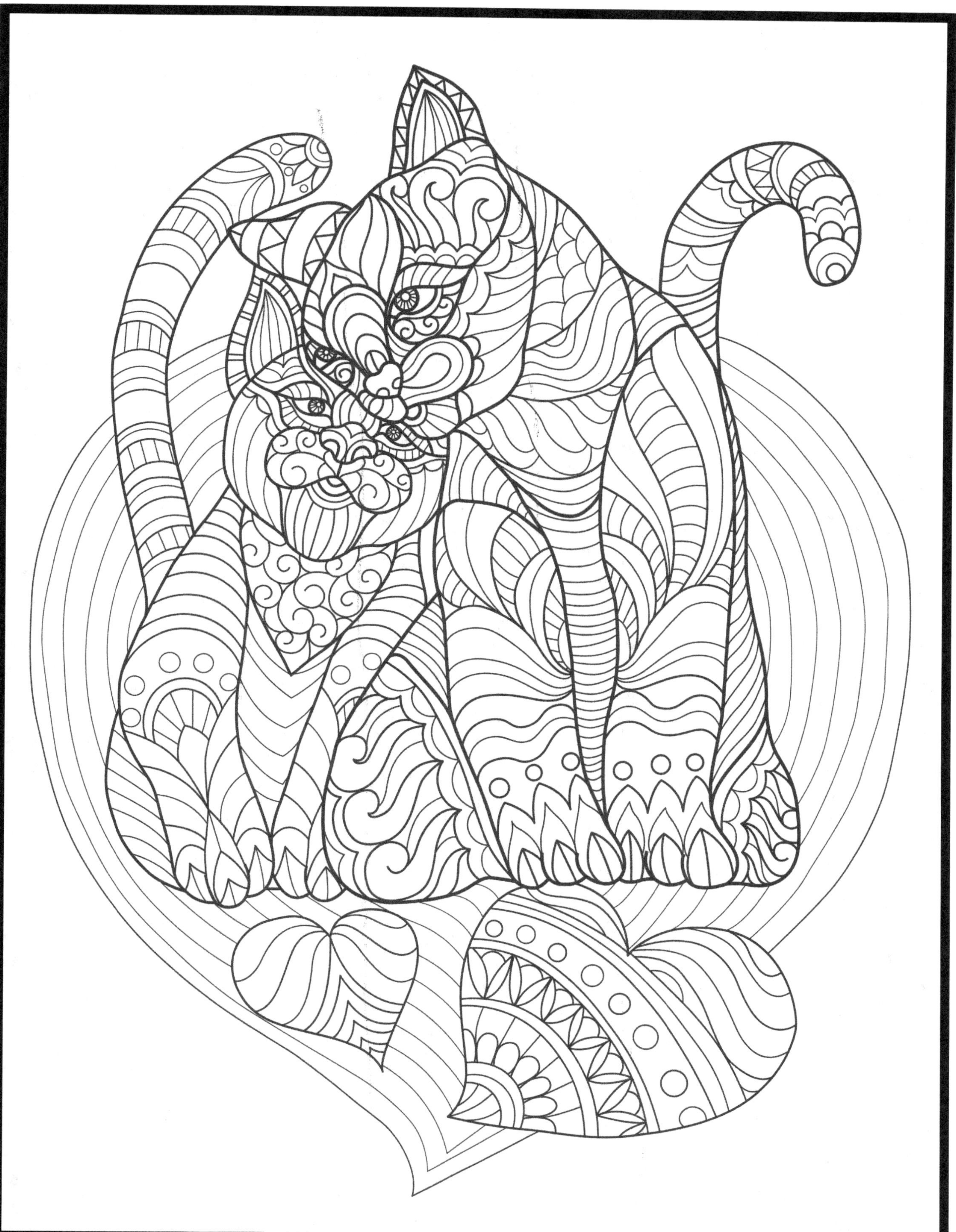

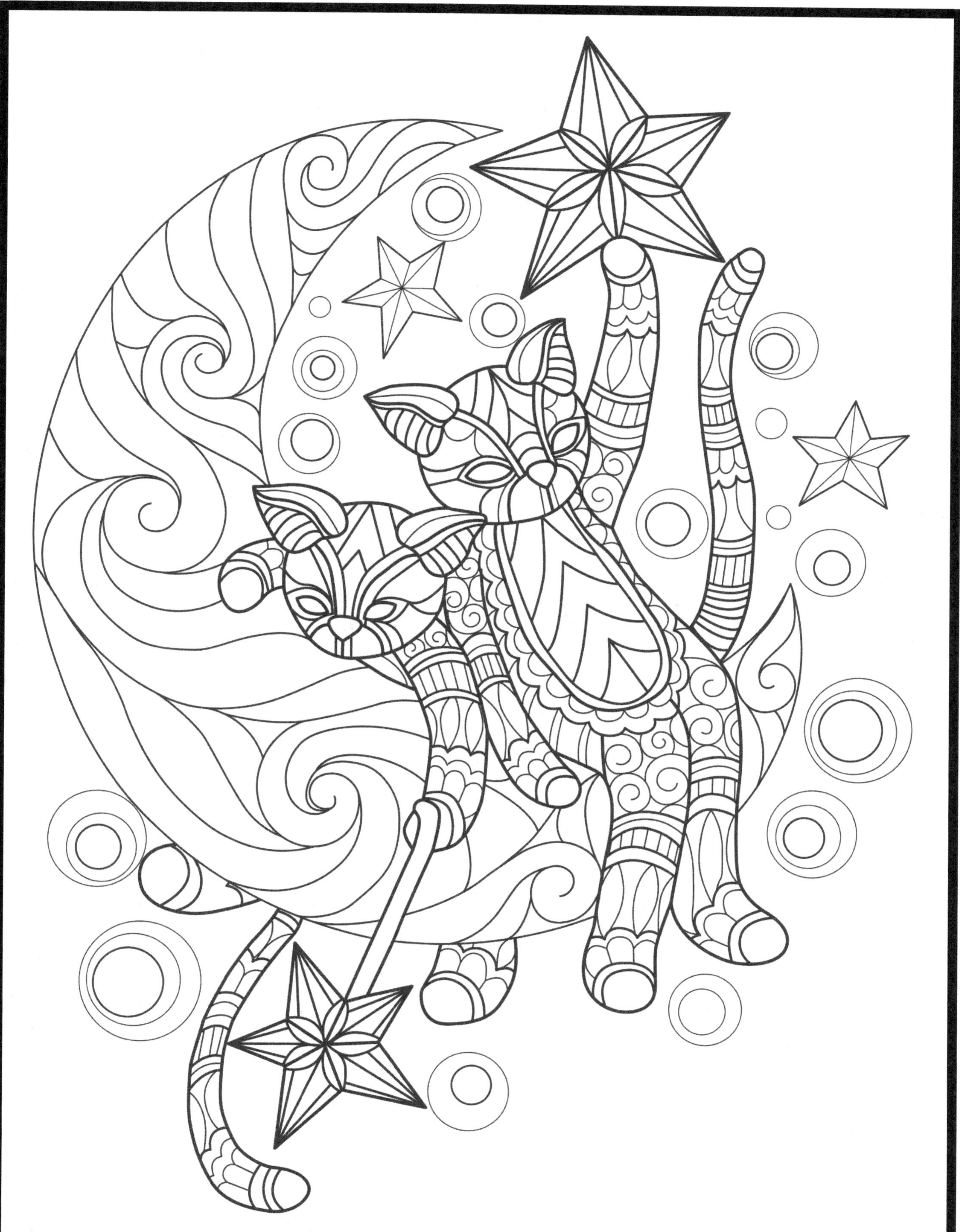

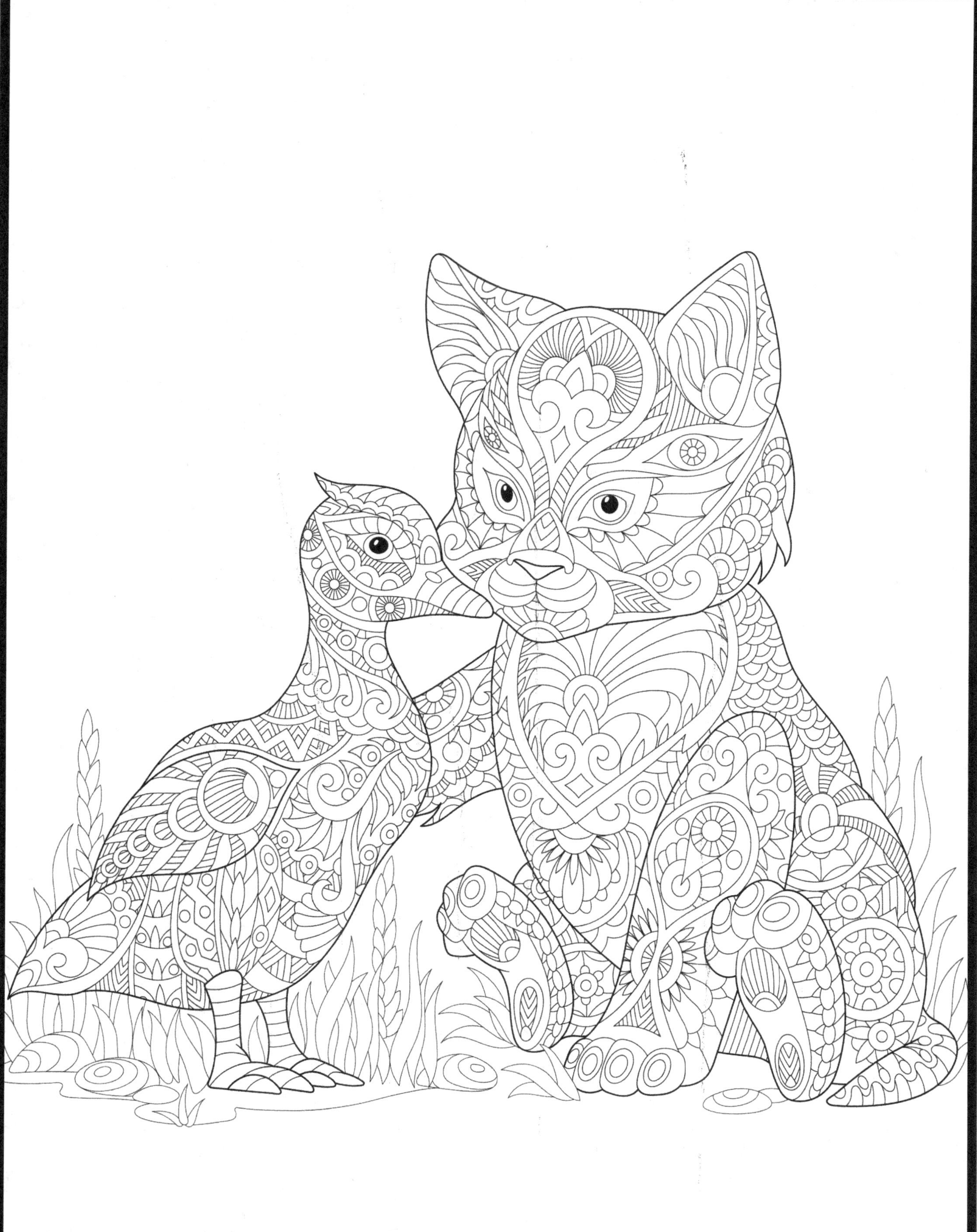

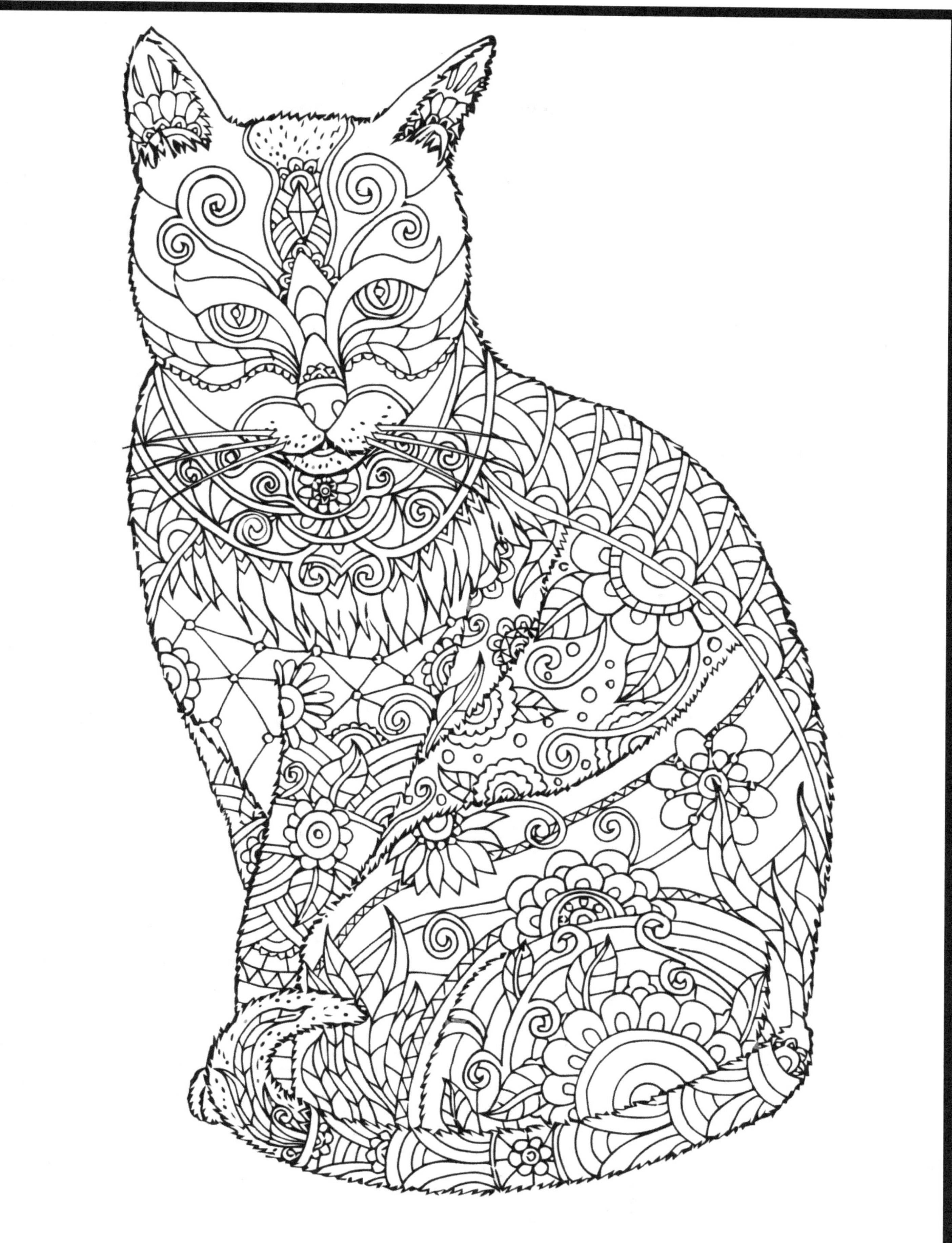

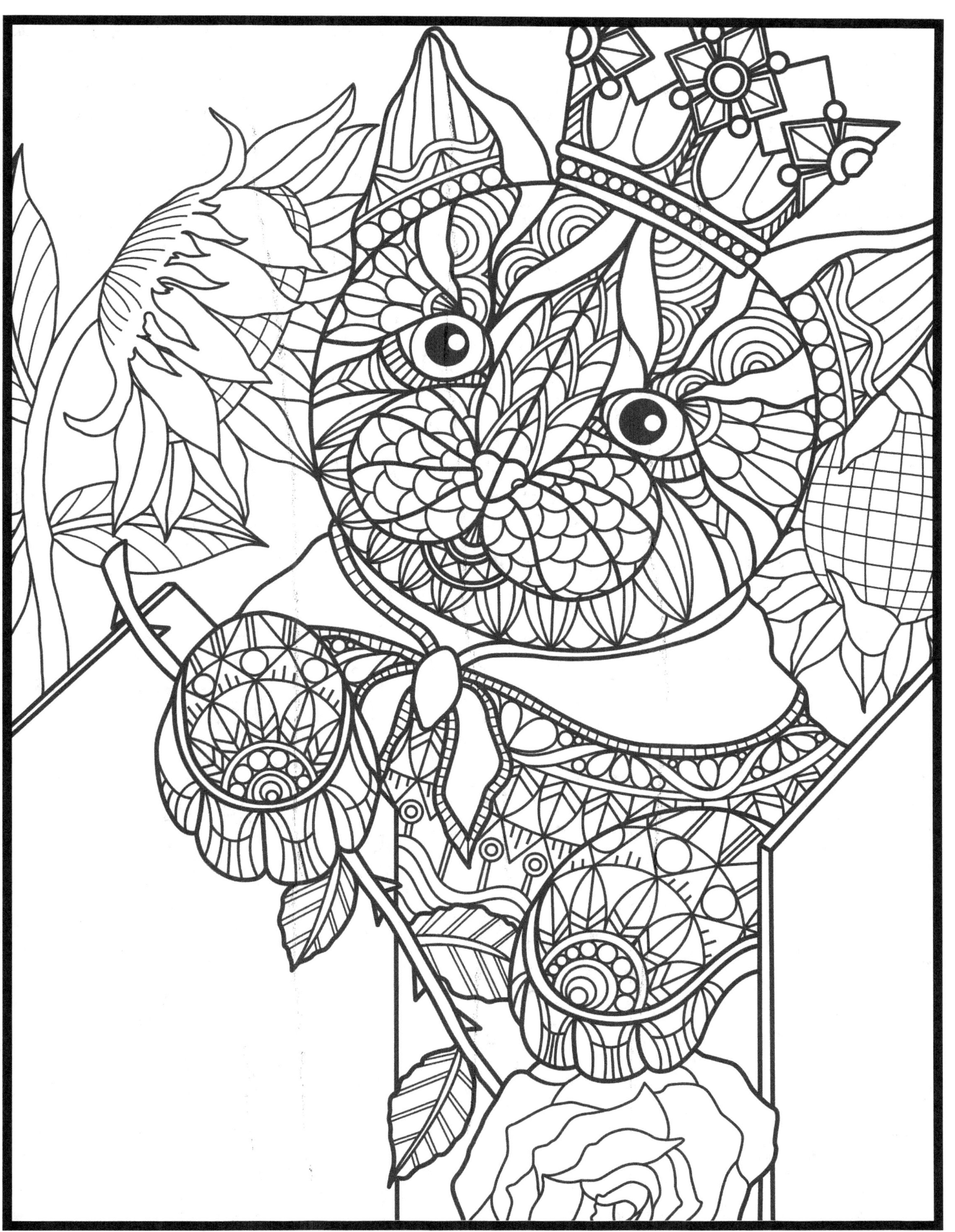

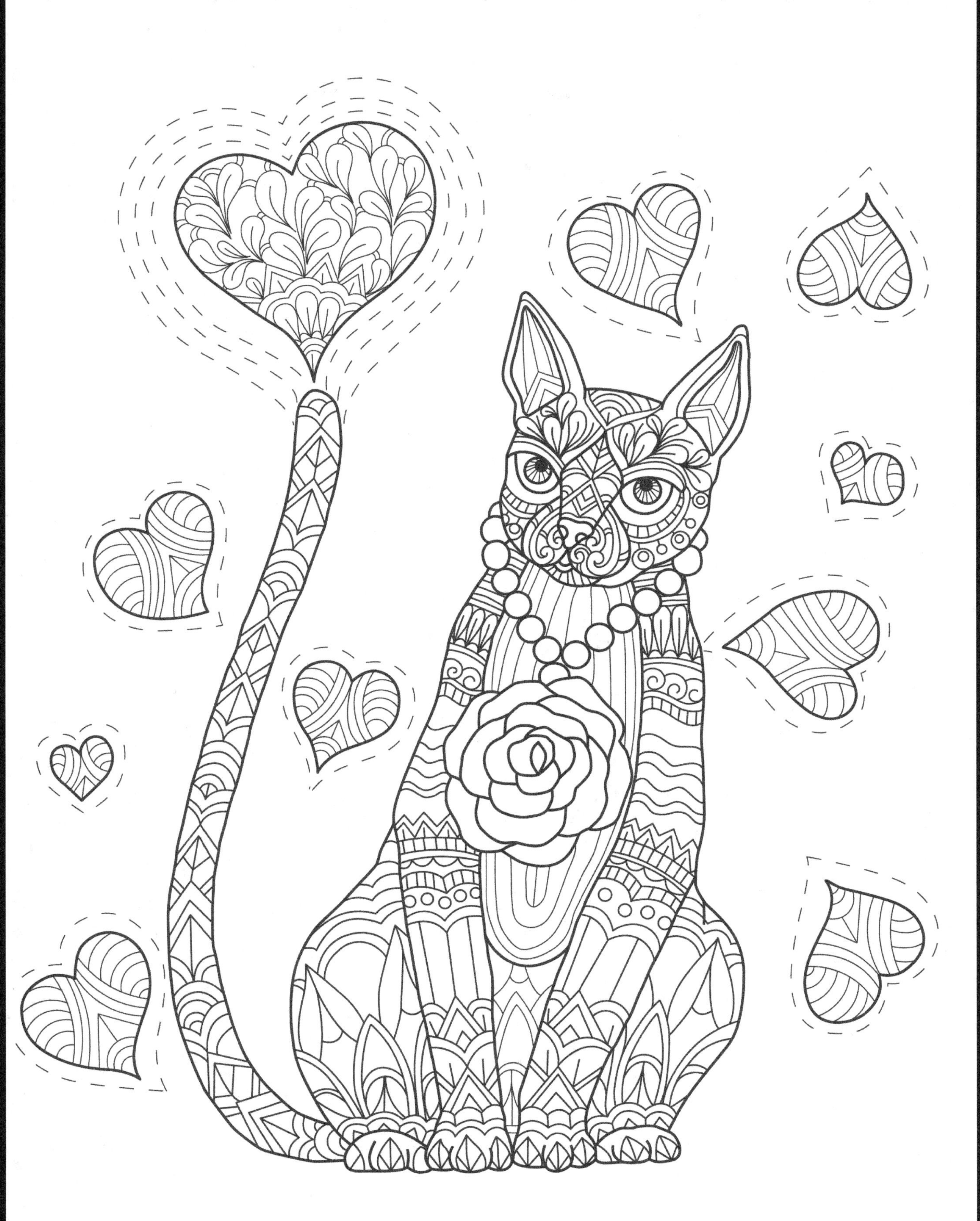

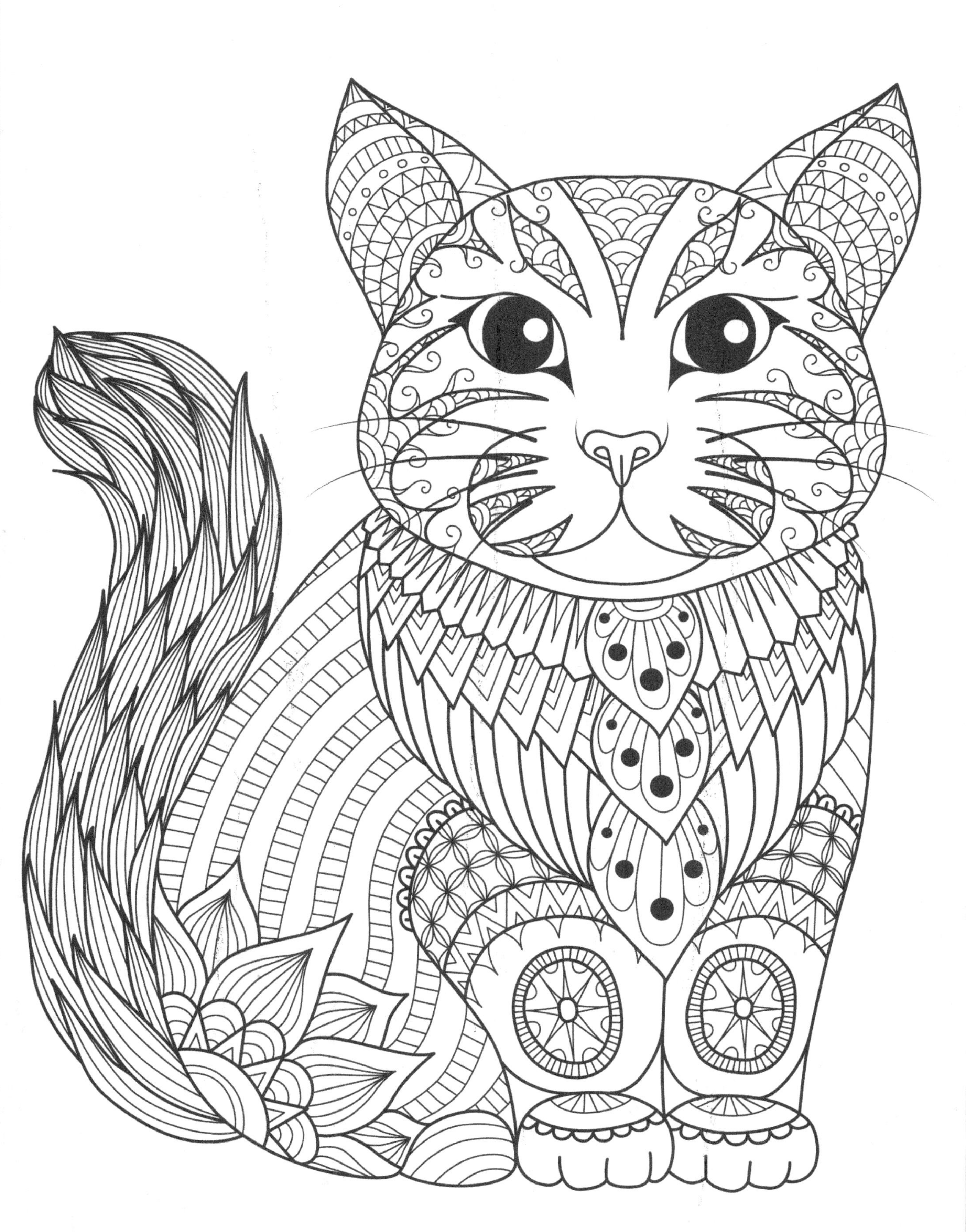

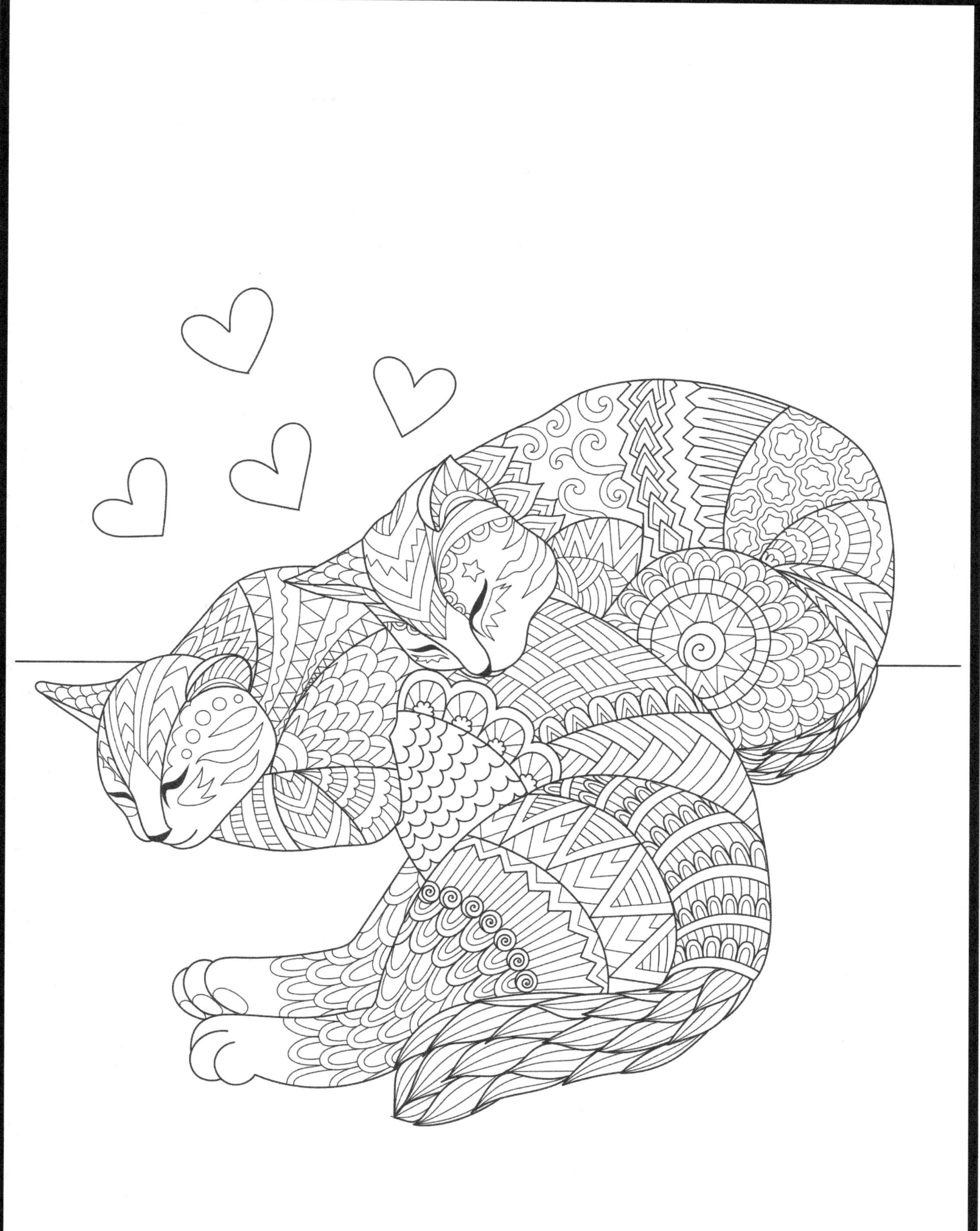

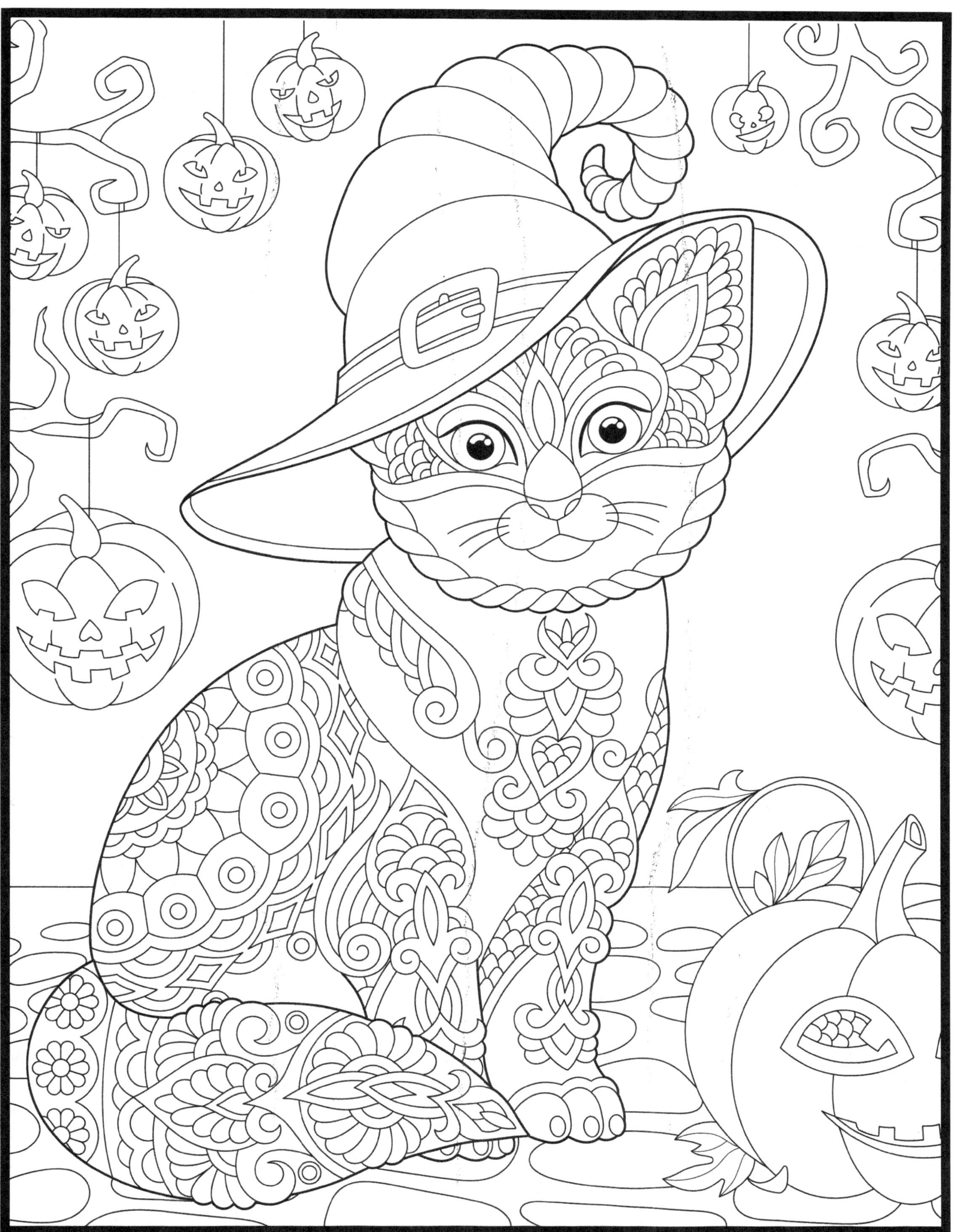

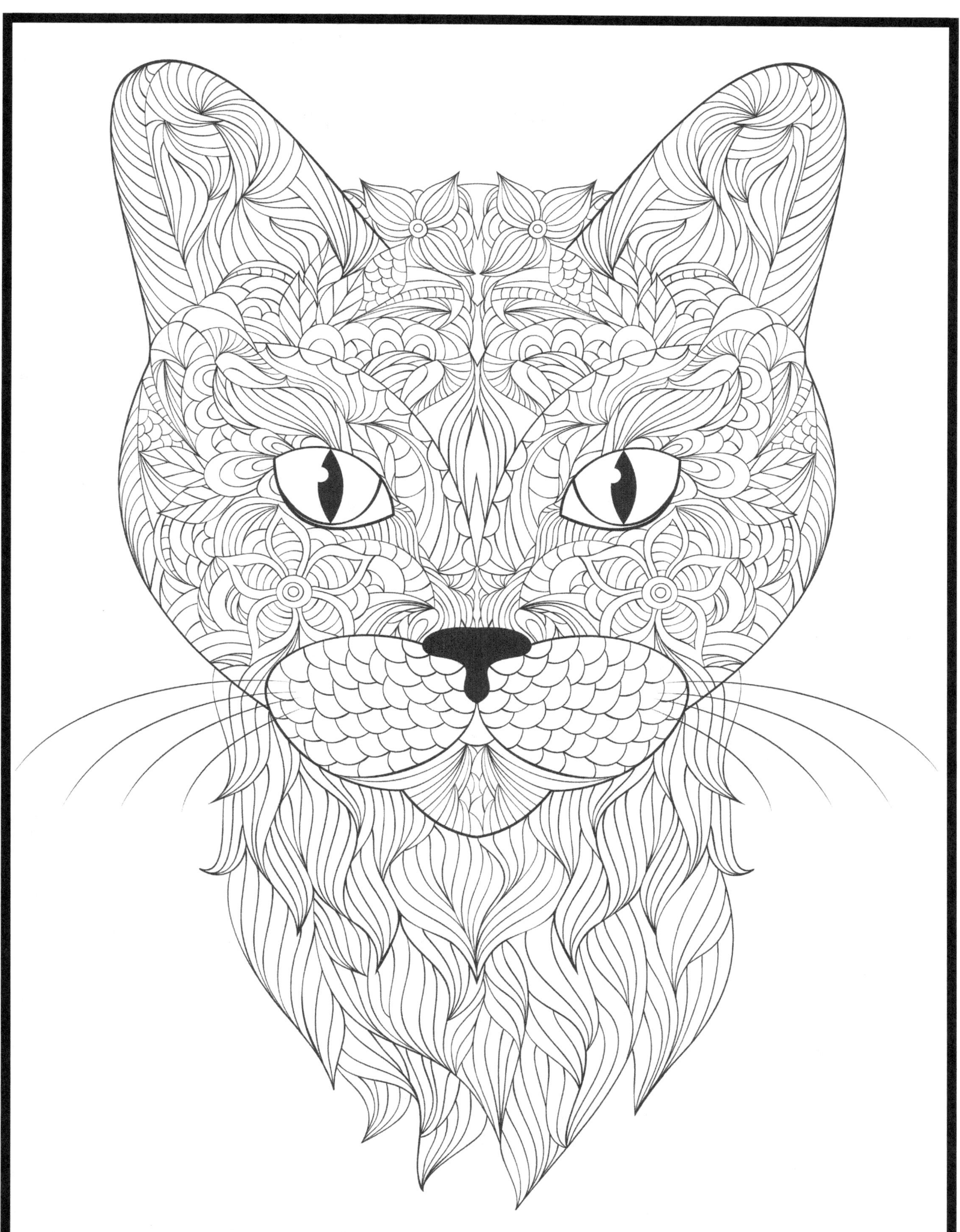

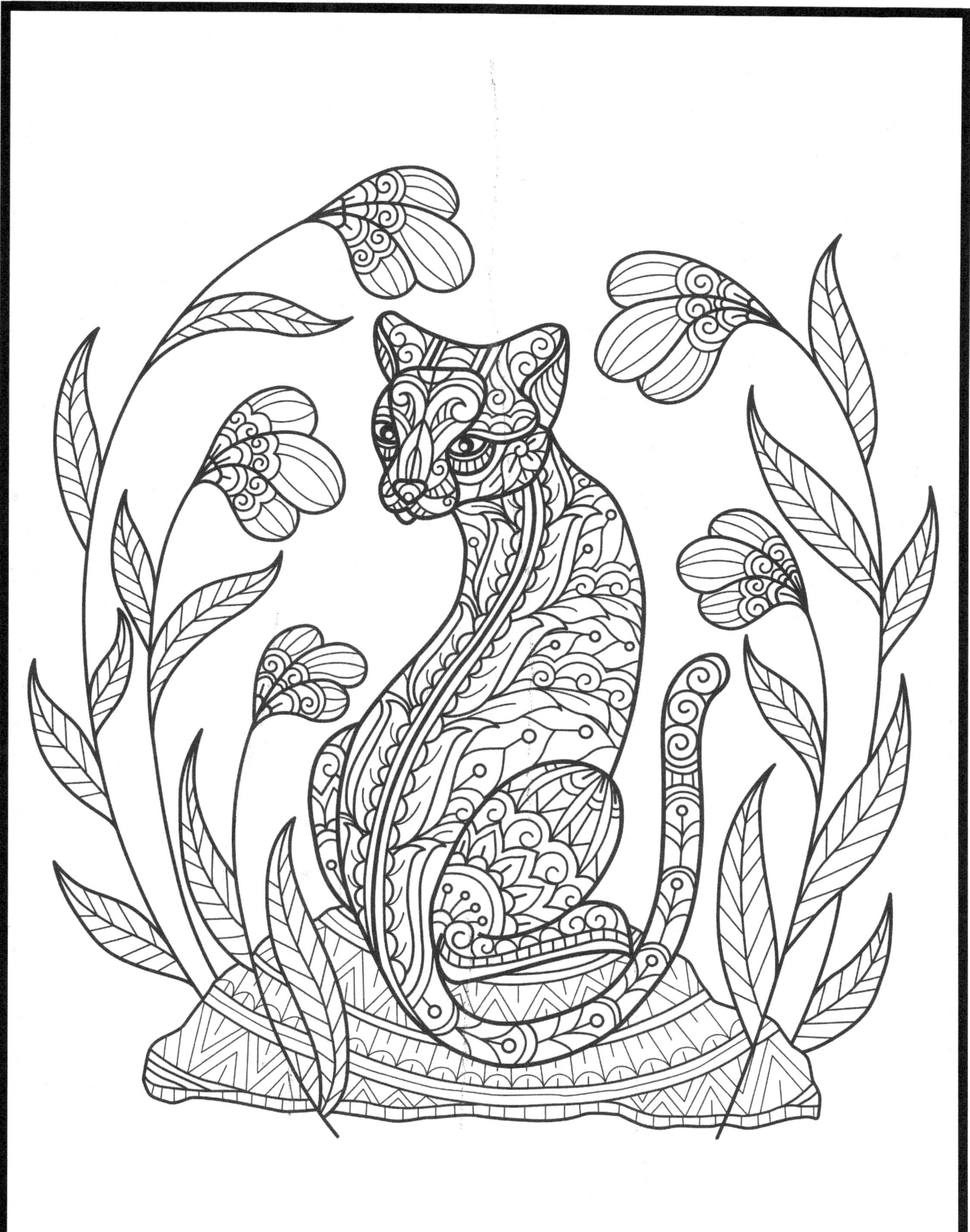

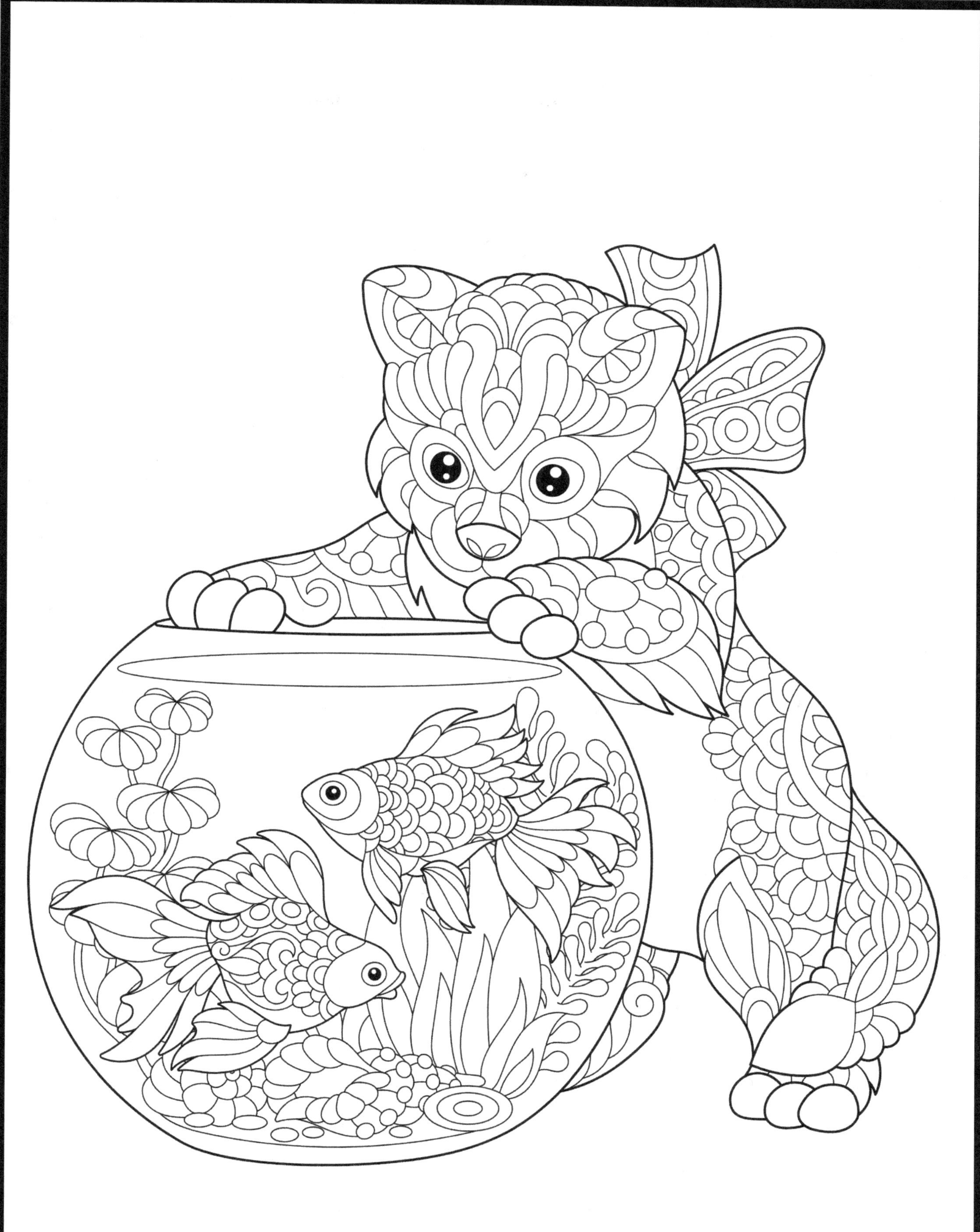

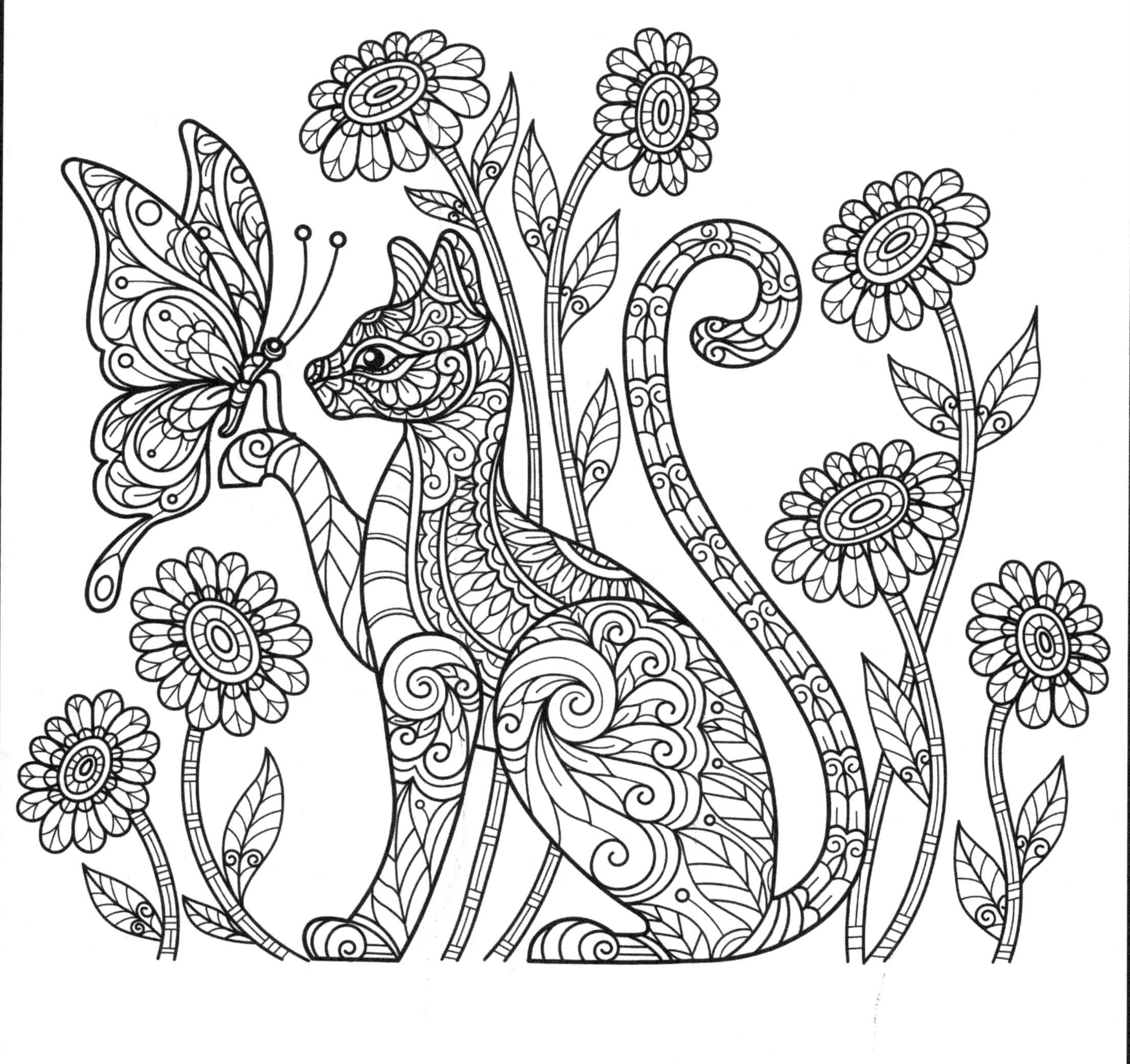

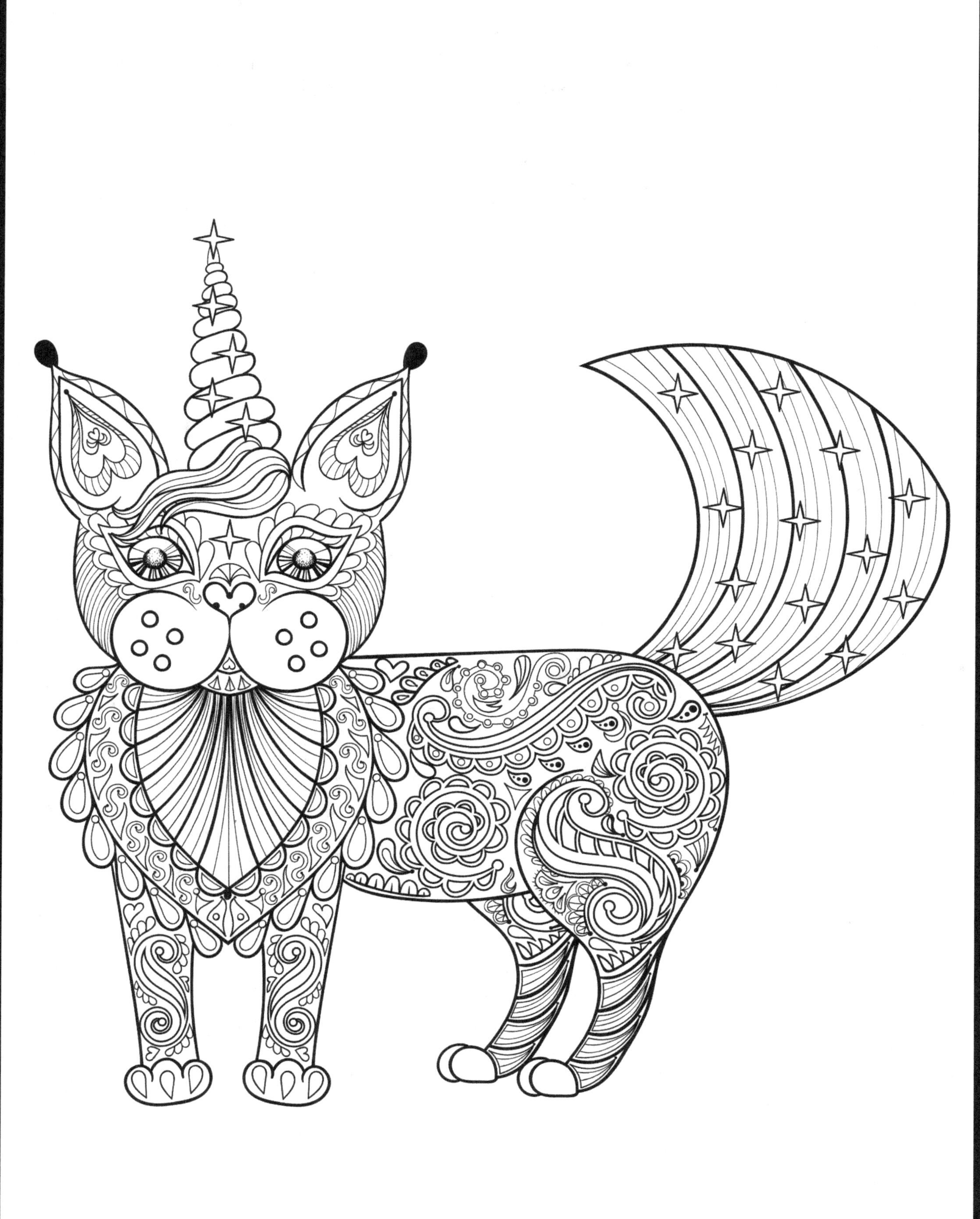

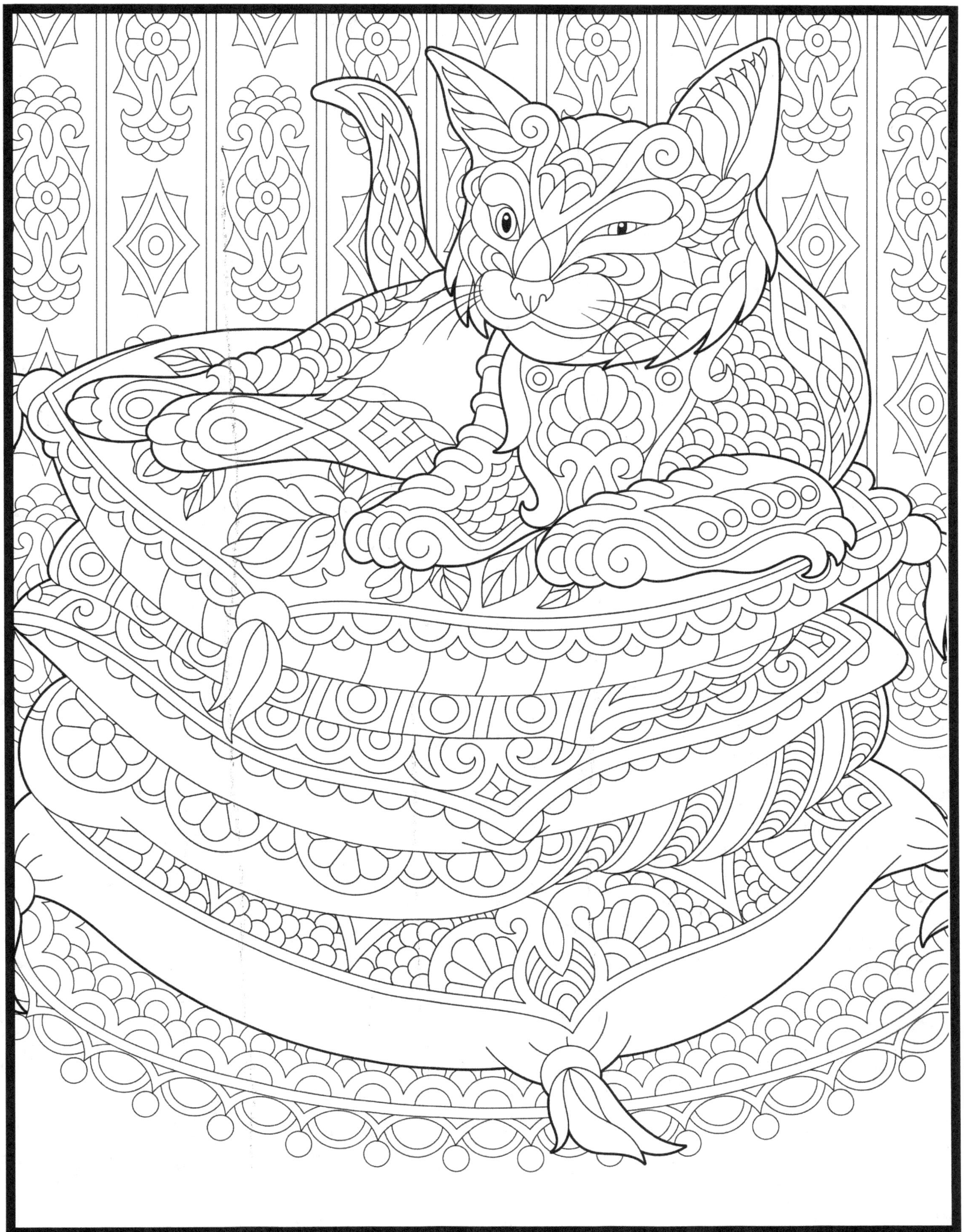

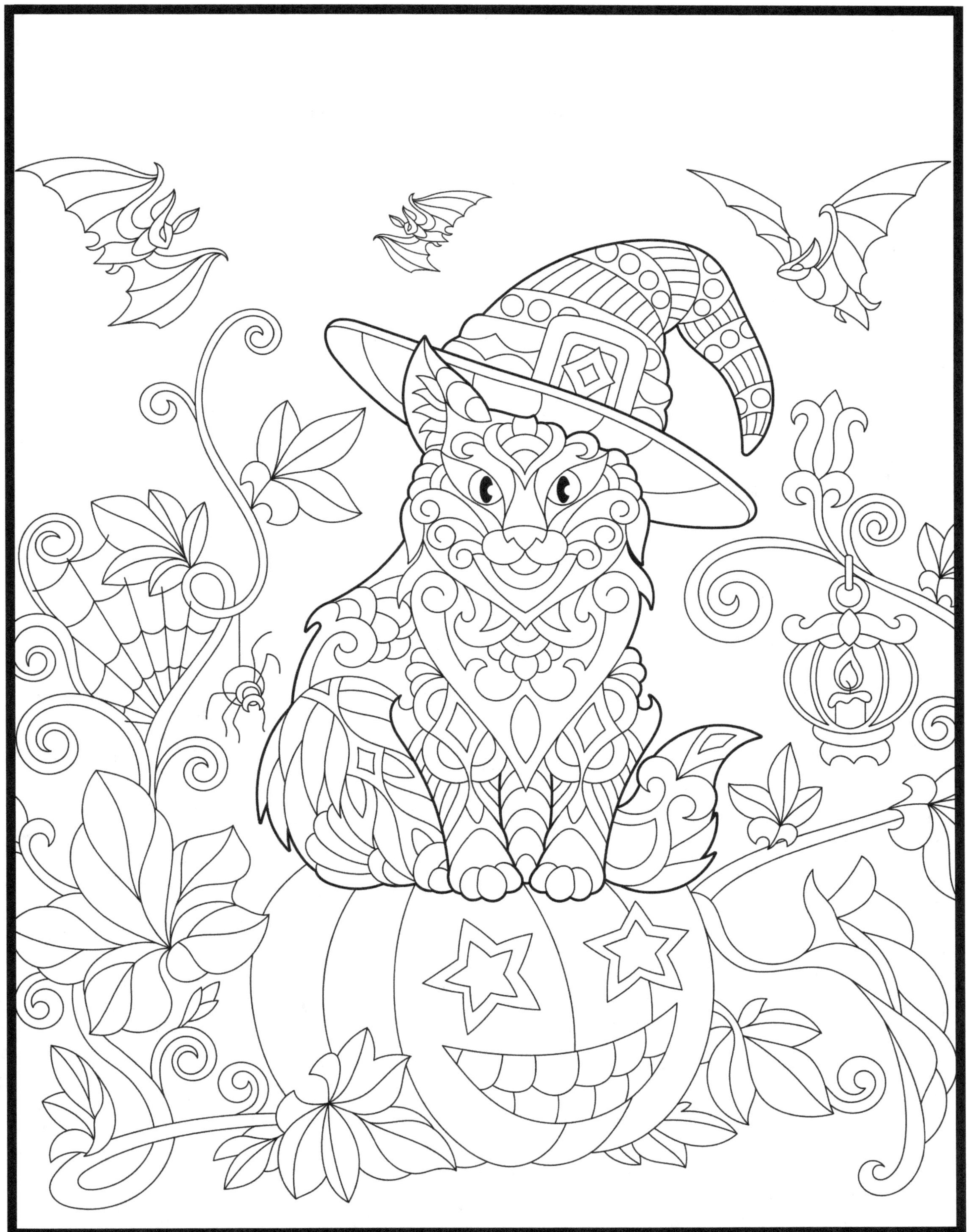

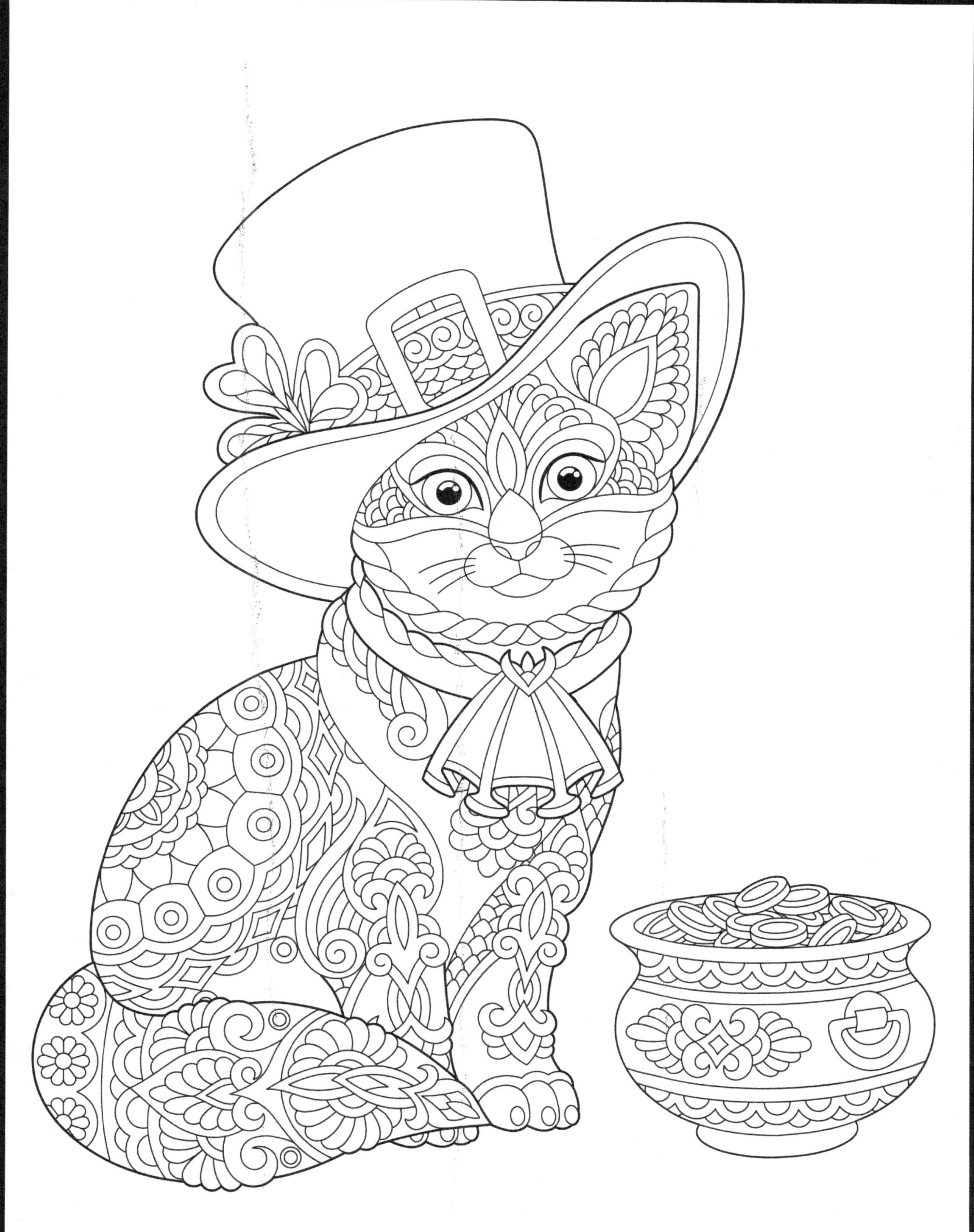

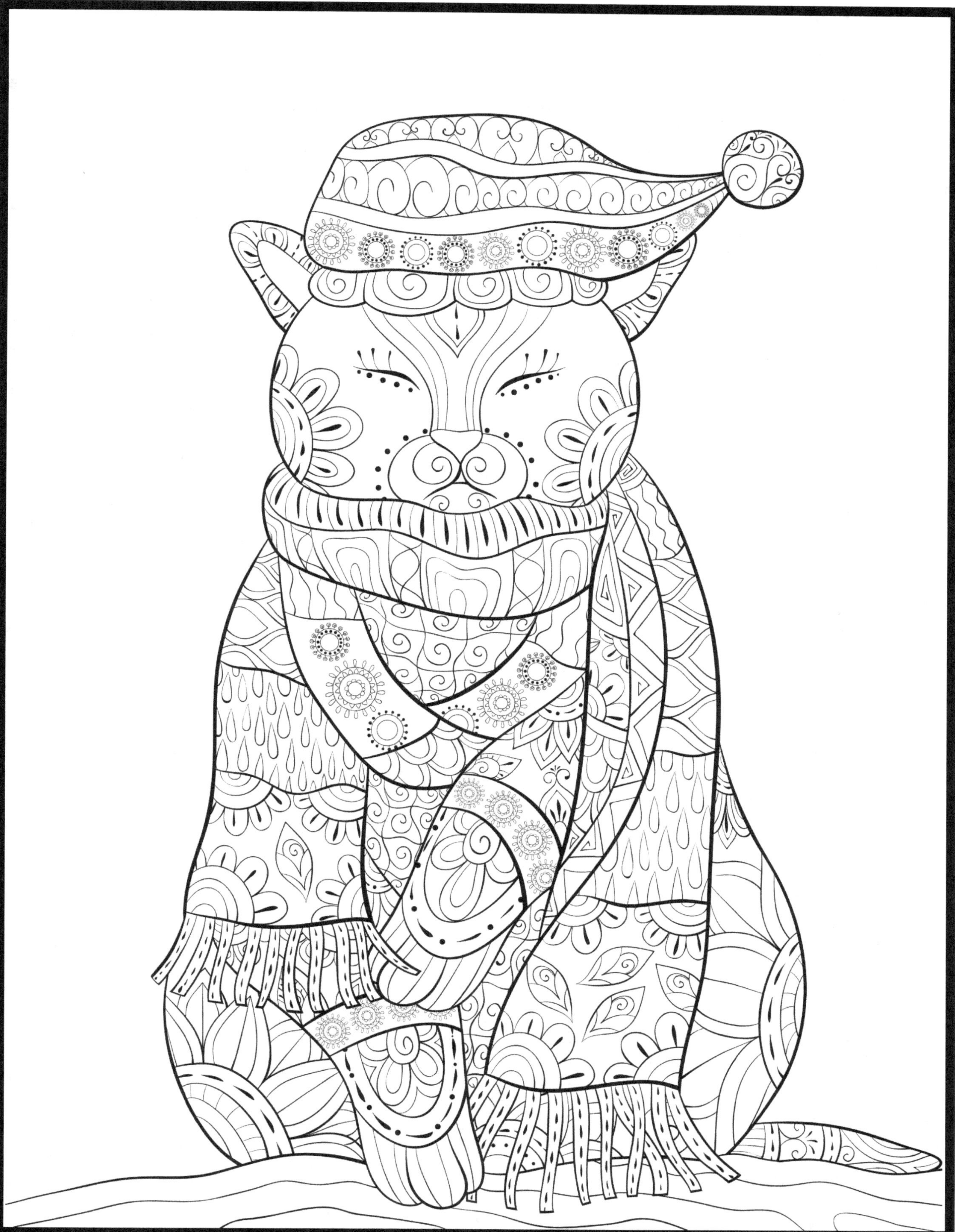

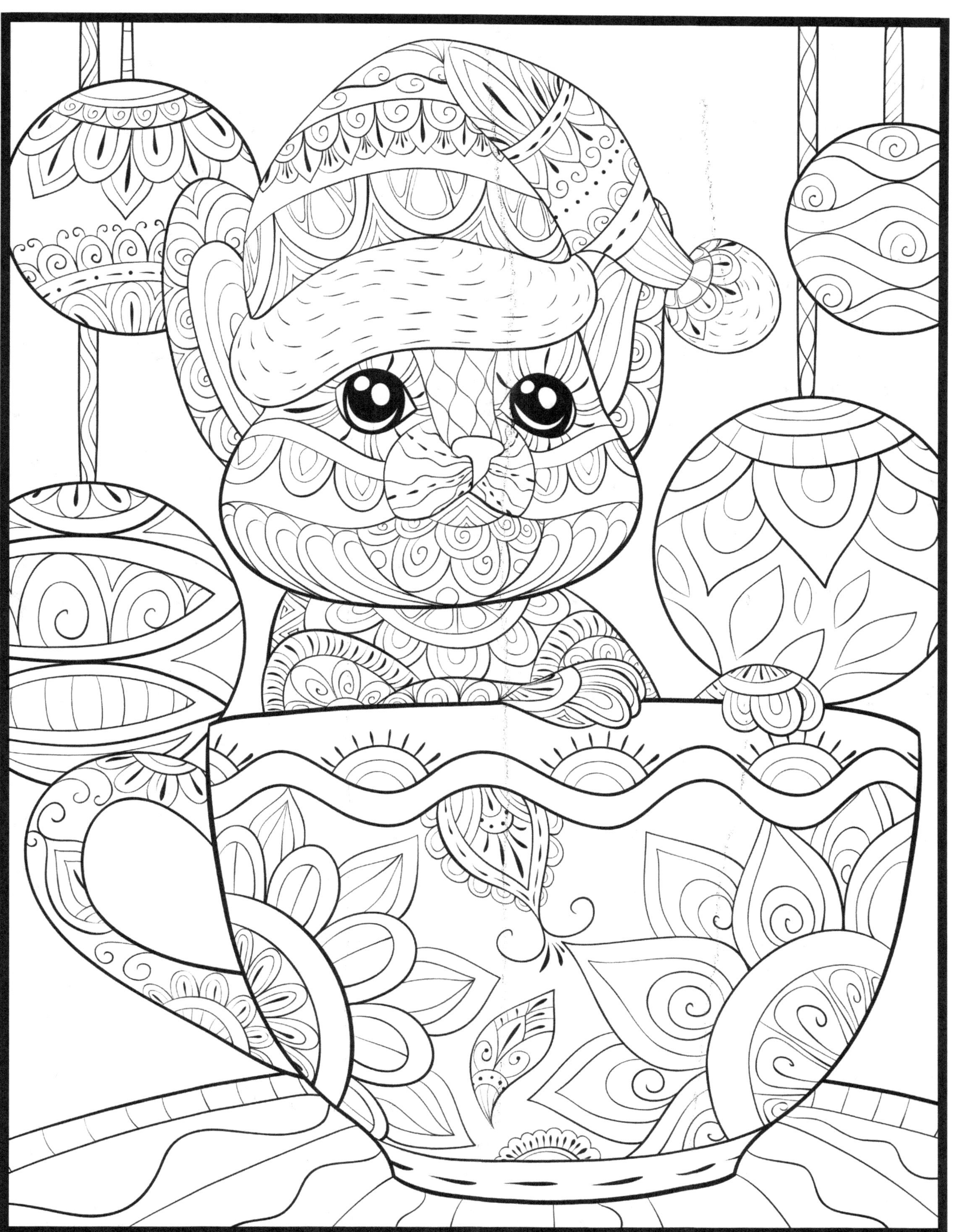

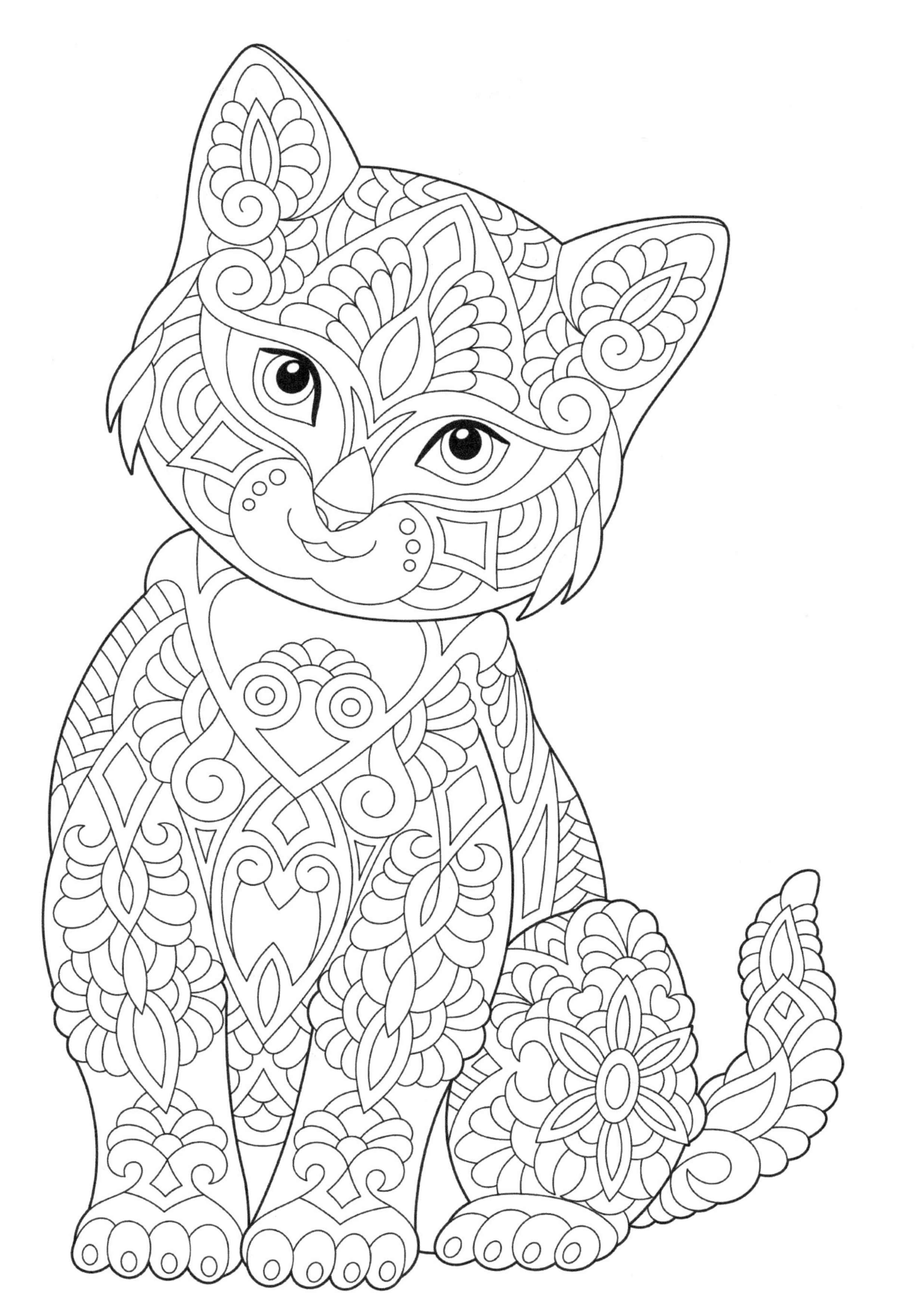

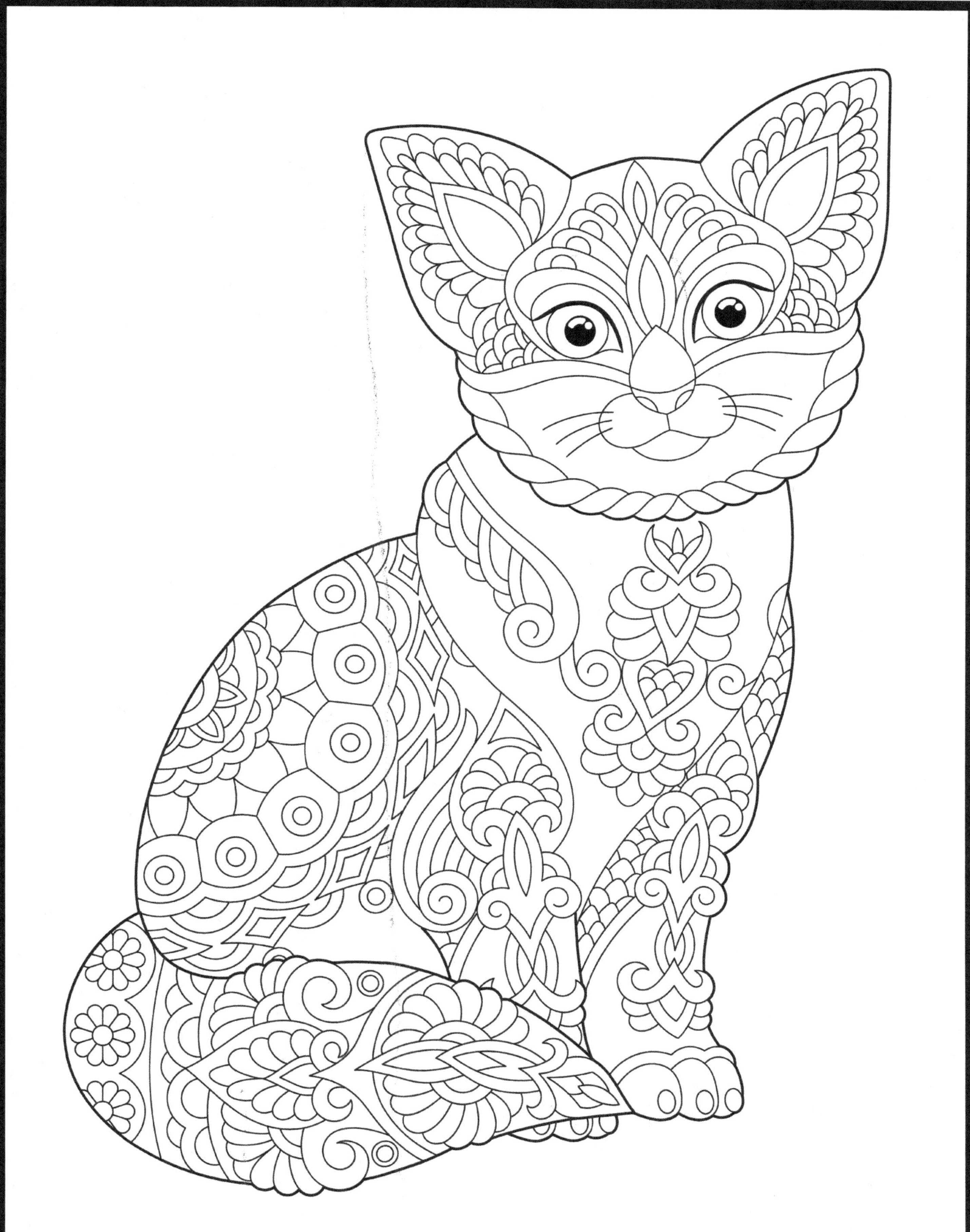

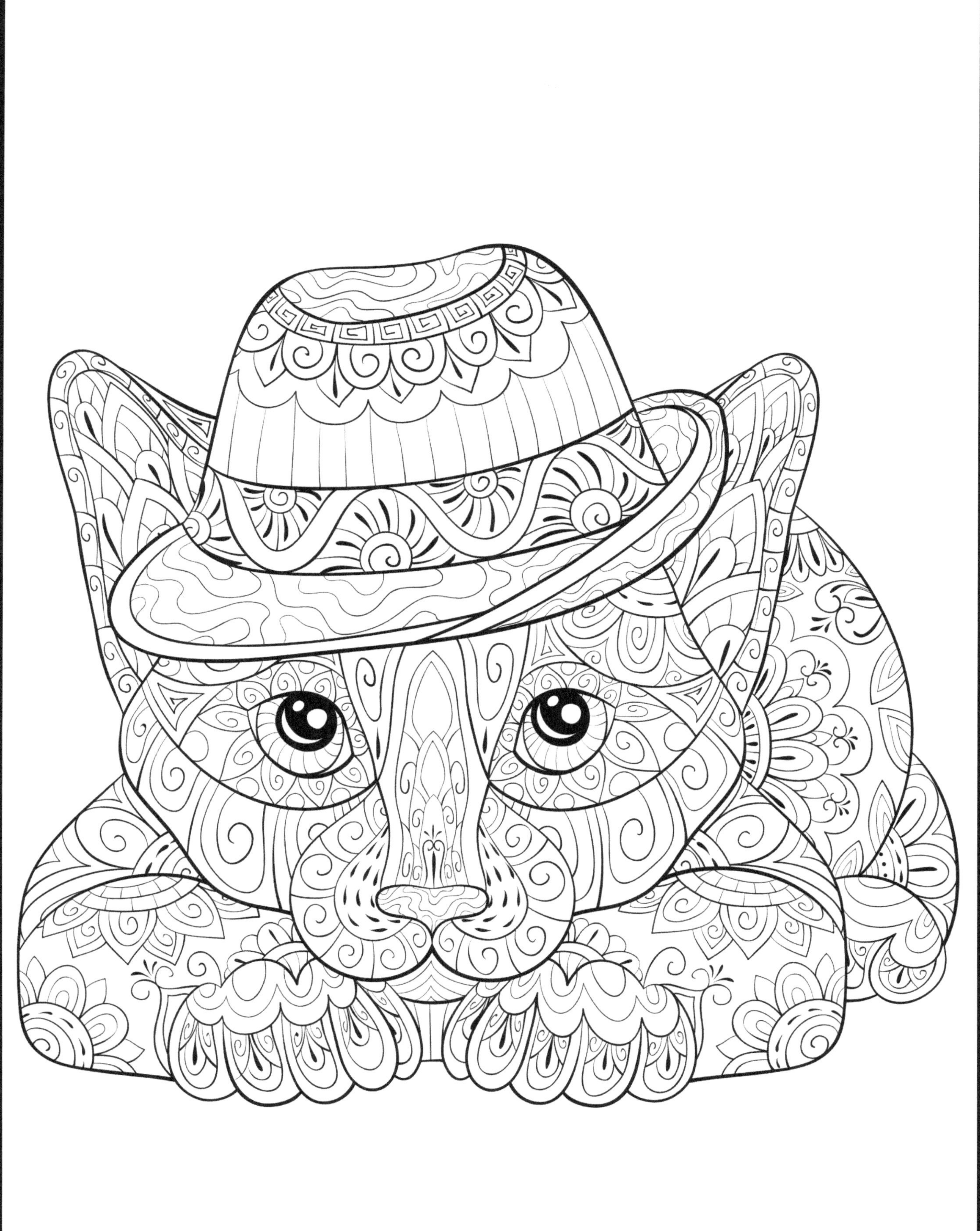

www.ingramcontent.com/pod-product-compliance
Lightning Source LLC
Chambersburg PA
CBHW060618120726
48002CB00010B/3011